26 alfabeto 26 animales

Por Sef's Pub ©

Quieres que tus **hijos** se **diviertan** y **aprendan** al mismo tiempo! Aprenda el **alfabeto** de la A a la Z y aprenda los nombres de los **animales** .

Set's Publishing © 2020

Set's Publishing

26 alfabeto animales

ABEJA

B

BALLENA

C

D

DELFIN

ERIZO

F

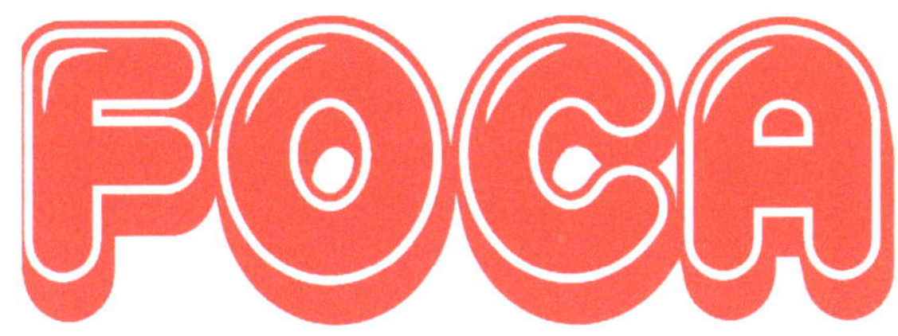

G

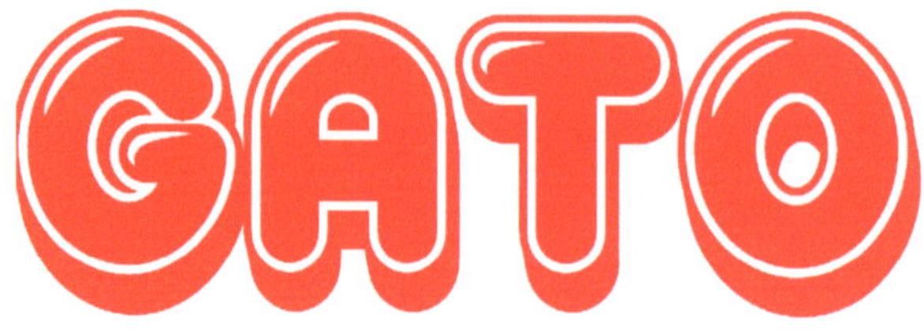

H

HORMIGA

I

IGUANA

J

JIRAFA

K

L

LLAMA

M

MARIPOSA

N

NUTRIA

O

OVEJA

P

PINGÜINO

QUETZAL

R

S

SERPIENTE

T

TIGRE

U

URRAPA

V

WAPITI

XERUZ

Y

YAK

Z

ZORRO

Mira todos mis otros libros

rompecabezas, libros para

colorear, juegos, cuadernos

Y muchos otros libros ...

Set's Publishing © 2020